QUEM TEM VONTADE
TEM METADE

Por Tati Crispim

DEDICATÓRIA

"Que o sonho e o amor estejam presentes em tudo aquilo que suas mãos tocarem e que a felicidade te acompanhe por todo o teu caminhar e então seus sonhos realizar"

Tatì Crispim

Revisão e edição: @dadavict

PRÓLOGO

Escrever esta história é, para mim, mais do que um exercício de memória; é um verdadeiro privilégio e um ato de fé. Narrar a trajetória de meu pai e os ensinamentos que ele transmitiu é mergulhar em uma fonte de sabedoria que tem me mostrado, dia após dia, que o futuro está ao alcance das nossas mãos, e que, com determinação, podemos moldá-lo como quisermos. Não importa o tamanho do obstáculo ou o peso da dúvida — somos todos capazes de realizar grandes feitos quando acreditamos e nos entregamos ao caminho que Deus nos apresenta.

Neste livro, você conhecerá a história de uma criança que nasceu em meio a dificuldades, mas que desde cedo entendeu o valor da coragem e da perseverança. A jornada dessa criança nos ensina que o que precisamos está, antes de tudo, dentro de nós mesmos. Ali, no âmago de cada ser humano, residem as forças que nos movem em direção aos nossos sonhos, o potencial que nos leva a romper barreiras e a resiliência que nos permite seguir em frente quando tudo parece perdido.

Este livro não é apenas uma coletânea de memórias; é um convite para uma transformação pessoal, um despertar para a verdadeira conexão com Deus e para a realização do nosso maior potencial. Cada capítulo traz experiências e lições extraídas do cotidiano, contadas de maneira simples, porém profundas, para que possam tocar e inspirar o coração de cada leitor. Inspirado em fatos reais e repleto de conselhos que atravessaram gerações, meu objetivo aqui é oferecer mais do que palavras. Quero que você sinta o poder de acreditar em si mesmo e perceba que, com fé, determinação e trabalho, qualquer sonho pode se tornar realidade.

A educação que recebi de meus pais, Francisco e Francisca, foi fundamental para cada conquista da minha vida. Eles nos ensinaram que a vida é feita de lutas, mas também de conquistas. Aprendi, desde cedo, que "quem tem vontade, já tem metade do caminho percorrido" — uma frase que ecoa em mim e que hoje compartilho com você, pois ela reflete a verdade essencial de que o primeiro passo para a mudança é o desejo sincero de transformar.

Meu pai sempre nos ensinou a olhar para frente e a manter a cabeça erguida, independentemente dos desafios.

Minha mãe nos mostrou, em cada gesto, que a fé em Deus e o trabalho são a base de uma vida digna. Juntos, eles nos ensinaram que não há riqueza maior do que a capacidade de acreditar em nosso potencial e de sentir a presença de Deus em cada respiração, em cada novo dia.

Este livro não é apenas sobre a história de uma família, mas sobre a coragem de cada pessoa que deseja viver de maneira plena, sem medo de enfrentar as tempestades e de persistir em seus sonhos. A principal intenção destas páginas é inspirar mudanças e deixar claro que Deus nunca nos abandona. Em todo momento, Ele está presente, nos guiando, nos fortalecendo, e nos lembrando que nosso potencial interior é maior do que qualquer dificuldade que enfrentemos.

Se você sente que precisa de motivação para continuar, se está em busca de algo que o faça acreditar mais em si mesmo e se deseja uma leitura que traga leveza, fé e esperança, então este livro é para você. Aqui, você encontrará inspiração para seguir em frente, motivação para se conectar com o que realmente importa e a certeza de que há um propósito maior em cada passo que damos.

Permita-se viver essa jornada, valorize cada

experiência e, acima de tudo, mantenha a fé e a vontade de alcançar o que deseja. Como diz meu pai: "Se você tem vontade, já tem metade do caminho feito." Que esta leitura seja um lembrete de que, com fé e determinação, somos capazes de moldar nosso destino e de conquistar o que verdadeiramente nos move.

AS RAÍZES DE UM HOMEM

Conto aqui as raízes de meu pai, e, como todo nordestino de pouco estudo, mas muito orgulhoso de ser, toda vez que se pergunta seu nome, ele já manda o nome completo, ainda que seja comprido e sem relevância para conversa, reafirma sua posição de ser humano em meio a tanto sofrimento. Ser alguém e ser pertencente à algum lugar, é isso que ele quer mostrar:

- "Francisco Alexandre de Carvalho." - nunca dito com a voz trêmula ou cansada, meu pai prepara a voz da melhor forma que pode e infla o peitoral para proferir o próprio nome, tal qual um leão prestes a rugir.

Nascido em uma cidade chamada Simões, um lugar pequeno no interior do Piauí. Filho de Alexandrino de Carvalho, e sua família morava em uma Fazenda que tinha o nome de "Baixão". Sua mãe, mulher preta e humilde, era Tereza Joaquina da Conceição.

Eu sempre soube que meu pai tinha uma história rica e complexa, mas o que eu não imaginava era a profundidade da dor e da coragem que ele carregava. Foi durante uma de nossas conversas mais sinceras que ele me revelou um capítulo de sua vida que jamais poderia imaginar.

A história começa quando Francisco Alexandre era um menino de doze anos.

Naquela época, a vida no interior nordestino era dura e desafiadora. O que deveria ser uma infância despreocupada foi marcada por um evento que mudaria para sempre o rumo de sua vida.

Meu pai descobriu algo que o perturbou profundamente no seio da família: uma falha grave cometida por sua irmã mais velha com um primo da família. Para o tempo e comunidade em questão, ainda mais gravoso e imoral. A criança, tomada pela vontade de fazer a coisa certa, decidiu contar à mãe o que havia descoberto, na esperança de que a verdade fosse enfrentada de forma justa.

No entanto, a reação que ele recebeu foi nada menos que desoladora. Buscava apoio, recebeu injustiça.

Sua irmã negou o ocorrido, e o irmão mais velho de meu pai, acreditando na pureza da moça, em um acesso de raiva e desdém tomou uma decisão brutal: trancou-o em um quarto e o espancou cruelmente.

A dor física não era nada comparada com a de ser desacreditado e castigado por ter agido da maneira que julgava ser a correta.

-"Eu não sabia o que fazer,"- contou, carregado de tristeza. -"Eu estava em choque. A injustiça e a dor me sufocaram. Fui trancado naquele quarto, e a sensação de traição e impotência foi esmagadora."

Desgostoso e completamente desolado pela forma

como foi tratado, tomou uma difícil decisão: fugir de casa. Saiu sem avisar ninguém, levando apenas a roupa do corpo, sem plano algum para o futuro. A prioridade era sair dali. Com um misto de medo e determinação, caminhou até a casa de um cunhado, lugar que oferecia um breve refúgio.

Mas a paz foi curta. Seus irmãos logo descobriram e foram atrás dele.

-"Foi um momento terrível," -disse, com os olhos distantes-. "Eu sabia que não podia ficar ali. Minha única esperança era fugir de novo. Naquela noite, enquanto todos estavam distraídos, eu preparei um plano para sair novamente."

E foi assim que, numa noite silenciosa e fria, meu pai partiu novamente, decidido a buscar um novo começo. Ele caminhou por quilômetros, com a única companhia sendo o escuro da noite e seus próprios pensamentos. Apesar de o Nordeste ser conhecido por suas regiões secas e com calor escaldante, em alguns pontos serranos a temperatura cai a noite devido à fortes ventos gelados até doerem os ossos.

Seu destino era uma cidade próxima, onde seu pai costumava vender algodão. Esse local era a esperança de recomeço, um lugar onde ele poderia encontrar alguma forma de vida que fosse diferente da dor e da injustiça que conhecera até então.

Enquanto ele vagava pelas estradas escuras, cada passo era um reflexo de sua determinação e desejo de mudar seu destino. Carregava consigo a esperança de um futuro melhor, longe dos conflitos e da desilusão que o haviam forçado a abandonar sua casa e sua família.

A coragem de meu pai, sua capacidade de se reerguer e buscar algo melhor mesmo nas condições mais adversas, sempre me impressionou. Ao ouvir a história de sua fuga, entendi mais profundamente o homem que ele é, a força que o guiava e a resiliência que moldava sua vida. Ele me ensinou que, mesmo diante das maiores adversidades, sempre há uma luz que nos guia para um novo começo, e foi essa luz que, naquele momento, o conduziu para longe de sua casa e em direção a um futuro incerto, mas cheio de possibilidades.

A ESCOLHA DA JORNADA

O menino Francisco, após vagar por quilômetros, chegou a uma fazenda e conheceu Agripino, que era o encarregado de todas as terras de João Arraes, onde trabalhou inicialmente. Trabalhos físicos de homens encarregados para o corpo de uma criança.

Algum tempo depois recebeu uma proposta de trabalho e estava diante de duas opções: ir para a Serra do Araripe, onde cuidaria do gado, ou para Pernambuco, onde o trabalho era mais incerto. Sem hesitar, ele escolheu primeira, que lhe trazia mais segurança.

Ele sempre dizia: "A vida é feita de escolhas, e cada uma delas molda o nosso caminho. É preciso ter fé para decidir e coragem para seguir adiante."

Assim, ele partiu para a fazenda na Serra do Araripe, uma terra vasta e selvagem, onde os desafios eram constantes. Seu primeiro trabalho foi lidar com o gado e aprender a lavrar a terra. Ele não tinha experiência, tampouco condição física, mas isso não o impediu.

- "A força de vontade supera qualquer falta de conhecimento. Deus nos dá a capacidade de aprender e a coragem de tentar, mesmo quando não sabemos o que estamos fazendo" - ele costuma dizer.

Lá, foi acolhido por Agripino novamente, o encarregado da fazenda e de toda a serra. Era um trabalho duro, onde ele recebia comida em troca de seu serviço. Ele se alimentava do que trabalhava, literalmente colhendo os frutos de seu esforço diário.

-"Aprendi que, na vida, o que importa não é o quanto você ganha, mas o quanto você se dedica. Deus sempre proverá o necessário, se fizermos nossa parte com honestidade e dedicação."

A vida na fazenda era simples, mas cheia de aprendizados. Ele lavrava mandioca, alimentava o gado e cuidava de tudo o que precisava ser feito. O trabalho era árduo, mas meu pai nunca reclamava. Mesmo em situação análoga à escravidão, sabia que cada dia de trabalho era um passo em direção a uma vida melhor.

- "A fé e o trabalho duro são os alicerces de uma vida digna. Deus vê cada esforço e recompensa aqueles que perseveram,"- sempre disse com convicção.

Apesar das dificuldades, encontrou um propósito em cada tarefa, um sentido maior em cada luta. Ele entendia que o trabalho não era apenas um meio de sobrevivência, mas uma forma de honrar a Deus e de construir uma vida melhor.

- "Na vida, não importa onde estamos ou o que fazemos, o que importa é o propósito com que fazemos. Quando colocamos Deus à frente, até o trabalho mais simples se torna uma bênção."

Os meses se passaram, e ele começou a sentir uma conexão profunda com a terra e com os animais que cuidava. Cada amanhecer era uma nova chance de recomeçar, e cada pôr do sol era um lembrete de que ele estava mais próximo de seus sonhos.

- "A vida é uma longa caminhada, e cada passo nos leva mais perto de nossos objetivos. A fé é a luz que ilumina nosso caminho, mesmo nos momentos mais escuros."

Com o tempo, aprendeu a ver a beleza nas coisas simples: o cheiro da terra molhada, o canto dos pássaros ao amanhecer, o silêncio da noite estrelada. Ele encontrou paz em sua rotina e força em sua fé.

- "Às vezes, Deus nos coloca em lugares difíceis não para nos punir, mas para nos fortalecer e nos preparar para o que está por vir. É preciso ter fé para entender que tudo tem um propósito."

E assim, ele seguiu em frente, sempre com o coração cheio de esperança e o espírito inabalável. Ele sabia que Deus estava ao seu lado, guiando cada passo e abençoando cada esforço. E foi com essa certeza que ele continuou sua jornada, sabendo que, independentemente dos desafios que enfrentasse, ele nunca estava sozinho.

A CAMINHADA DA ESPERANÇA

Com a bravura de quem já conheceu a dor e a solidão, começou sua nova jornada. Agripino, ao perceber sua situação que só tinha a roupa do corpo, decidiu ajudar. Movido por compaixão, comprou uma rede e algumas roupas. Este foi o primeiro gesto de bondade que recebeu desde que fugiu de casa, e isso renovou sua esperança. Como sempre dizia:

-"Deus nunca nos abandona. Ele envia pessoas para nos ajudar nos momentos mais difíceis."

Logo, ele começou a trabalhar para este senhor Agripino, mas sem receber honorários, isso já na divisa do Piauí com o Ceará ou, como ele sempre diz, lá para as bandas da Serra do Araripe. Se dedicava ao máximo, fazendo tudo o que podia para merecer o pão e a dormida que recebia. Deitava-se cedo, exausto do trabalho do dia, mas sempre com o coração agradecido.

- "A fé era o que me sustentava", ele sempre diz.

Enquanto conto esta história, ele quem me relata os detalhes:

- "Quando a gente acredita que há um propósito maior para nossa vida, encontramos forças para seguir em frente, mesmo quando tudo parece perdido."

Apesar das dificuldades, foi aprendendo a se virar. Trabalhava duro, mas era recompensado pelo carinho e respeito daqueles que o acolheram. Um dia, o encarregado, que era o Senhor Agripino, que cuidava da fazenda, perguntou se ele queria voltar para sua família. Ele olhou firme e respondeu obstinado:

"Para trás, eu não volto mais. Meu futuro está para frente, não para trás."

E aquela decisão de não olhar para trás, de não voltar para onde havia sofrido, era a marca de sua resiliência.

Durante quase três anos, ele trabalhou de sol a sol, sempre movido pela fé e pela determinação. Nunca se deixou abater, mesmo quando o trabalho era duro e as condições não eram as melhores. Com um tempo, o encarregado tomou a decisão de o pagar um pequeno valor pelo serviço quinzenalmente. Com o seu pagamento ele passou a comprar o que precisava: uma sandália nova, algumas roupas, e até uma pequena mala. Cada compra era um símbolo de sua independência recém-adquirida, um passo a mais em sua jornada para uma vida melhor.

Certo dia, apareceu um homem chamado Pedro Arnaldo. Ele estava procurando alguém para trabalhar nos açudes e barreiras da Serra do Araripe. Meu pai, sem hesitar, aceitou o trabalho.

- "O Senhor sempre abre portas para aqueles que confiam Nele," disse.

Com Pedro Arnaldo, ele trabalhou duro, mas também aprendeu a valorizar o que realmente importava: a dignidade de um trabalho honesto e a perseverança diante dos desafios. Nesse trabalho ele abria o popularmente chamado barreiro, que são fissuras na terra para que quando chegasse o período da chuva se acumulasse água, uma espécie de açude pequeno e temporário.

Pedro Arnaldo pagava semanalmente, e isso o deu uma estabilidade que ele nunca tinha conhecido antes. Ele trabalhou em barreiras e açudes, onde aprendeu sobre o esforço necessário para conquistar seu lugar no mundo.

- "Às vezes, a vida nos leva por caminhos que nunca

imaginamos, mas são esses caminhos que nos moldam e nos fortalecem", diz meu pai. Ele sempre soube que cada desafio superado era uma vitória e que sua fé era o que o mantinha forte e resiliente.

Foi nessa época que meu pai começou a perceber que, embora tivesse fugido para escapar de um passado doloroso, ele também estava correndo em direção a algo maior: uma vida construída com suas próprias mãos. "Quando tudo parece difícil, é aí que a fé realmente mostra seu valor. Ela é a luz que nos guia na escuridão, a força que nos levanta quando caímos," ele ensina.

E assim, com cada passo dado, com cada barreira vencida, foi construindo sua nova vida. Ele sabia que Deus estava com ele, sempre o guiando e protegendo. E foi essa certeza que o fez continuar, sempre em frente, sem nunca olhar para trás.

A GRATIDÃO E O ENCONTRO COM O AMOR

Após trabalhar na divisa do Ceará com a Paraíba, meu pai aprendeu lições valiosas que o marcaram profundamente.

- "Foi uma experiência muito boa, onde aprendi muita coisa", ele conta.

Há uma gratidão imensa por todos os que cruzaram seu caminho durante esses anos de trabalho árduo:

- "Sou muito grato a Deus por cada pessoa que conheci, por cada oportunidade que tive"- sempre ressaltando a importância da gratidão na vida. Gratidão, ele acreditava, era a chave para abrir portas e corações.

Depois desse período, meu pai retornou a lidar com açudes e barragens.

- "Voltei a trabalhar com um homem chamado João Feitosa, e dessa vez fiquei até conhecer sua mãe"

Esse tempo foi de grandes realizações e também de grandes mudanças, pois, foi nesse momento que o destino o levou a encontrar o amor de sua vida.

- "O trabalho duro me preparou para tudo, até mesmo para encontrar o verdadeiro amor"- diz com um sorriso.

A jornada o levou ao Ceará, mais especificamente à cidade de Assaré, terra do famoso poeta Patativa do Assaré.

- "Foi em Assaré que conheci sua mãe" -recordando com carinho o momento em que a viu pela primeira vez. Naquela época, meu pai tinha por volta de 21 ou 22 anos.

- "Eu a conheci em uma roça chamada Lama, na Pedra de Genezade"- como se estivesse revivendo aquele encontro, ele diz:

- "Quando descobri que o nome dela era Francisca, assim como o meu, senti que era um sinal de Deus"- disse. A coincidência do nome era mais do que um mero acaso; era um indicativo de que suas vidas estavam destinadas a se cruzar.

- "Deus sempre tem um plano para nós, e às vezes, Ele nos dá pequenos sinais para nos guiar"- acredita firmemente.

Meu pai trabalhava próximo à fazenda de Vicente Branco, que era conhecido da família de minha mãe. Foi nesse ambiente de trabalho e convivência que teve a chance de se aproximar daquela moça cujo olhos esverdeavam o sertão seco. "Primeiro, pedi para namorar com ela"- contou se lembrando da emoção e da esperança daquele momento – "Gostei dela desde o primeiro momento em que a vi."

Quando ele finalmente pediu a mão dela em casamento, grande foi a felicidade e realização.

Para meu pai, o amor é mais do que uma escolha: é um presente de Deus, algo a ser valorizado e protegido com todo o coração.

A sua história não é apenas sobre trabalho duro e superação; é também uma história de amor e fé. Ele acreditava que, com fé em Deus, tudo é possível, inclusive encontrar a pessoa certa para compartilhar a vida.

- "O amor verdadeiro é um presente de Deus, e quando o encontramos, devemos cuidar dele com todo o carinho e gratidão"

Sua vida foi um testemunho de que, mesmo em meio aos desafios e adversidades, o amor e a fé podem iluminar nosso caminho e nos levar aonde precisamos estar.

O RETORNO AO LAR E A FORÇA DA ESPERA

Quando meu pai decidiu pedir a mão de minha mãe em casamento, ele sabia que não seria uma tarefa simples. Meu avô Crispin, um homem de princípios e valores fortes, queria ter certeza de que o pretendente de sua filha era digno da confiança dele.

- "Eu consentirei com o casamento" – disse - "mas antes, quero conhecer sua família no Piauí, a mesma que você deixou há mais de dez anos, sem dar notícias."

Movido pelo amor e pela fé, meu pai aceitou sem hesitar.

- "Voltar para casa depois de tantos anos foi uma decisão difícil, mas o amor pela sua mãe me deu coragem,"

A jornada que eles tinham pela frente não seria fácil. Na década de 60, o transporte era complicado e pouco acessível, especialmente em regiões interioranas do Nordeste. Eles caminharam doze quilômetros a pé para pegar o primeiro pau de arara, um caminhão improvisado para transporte de passageiros, até chegar à fazenda Bo

Esperança, onde meu pai havia trabalhado pela primeira vez para João Arraes.

Ao chegar, souberam que a família do meu pai havia se mudado para uma fazenda ainda mais distante.

- "Foi um teste de fé e paciência," conta Francisco Movidos pela determinação, eles seguiram viagem. Generosamente, foram oferecidos cavalos para facilitar o percurso até a nova fazenda. Ao chegar em Boa esperança, meu pai recebeu a notícia que seu pai já tinha falecido. Durante a cavalgada, meu pai refletia sobre o reencontro com sua família: havia um misto de medo e esperança em seu coração, além do novo pesar pela perda de seu pai.

Ao chegar à fazenda, ele viu sua mãe sentada em um banco, envelhecida pelo tempo e pelas dificuldades da vida.

- "Quando eu disse 'boa tarde', minha voz falhou. Ela não me reconheceu de imediato. Foi só quando, com lágrimas nos olhos, eu pedi a sua bênção, que ela perguntou: 'É você, Francisco?' Eu respondi que sim, e nos abraçamos, deixando que todas as emoções guardadas por tantos anos finalmente se derramassem."

O reencontro foi comovente e cheio de emoções. Meu pai então explicou a razão de sua visita e foi apresentado a toda a família. A viagem, que inicialmente seria de apenas cinco dias, se estendeu por quinze dias. "Era um tempo para reatar laços, para curar velhas feridas e para reencontrar a paz," ele disse. Mas a cada dia que passava, ele também pensava na minha mãe, que esperava ansiosamente por notícias, sem saber o que havia acontecido.

Nos tempos de hoje, onde a tecnologia nos proporciona comunicação instantânea, é difícil imaginar o que significava esperar dias, semanas ou até meses por uma notícia.

- "Naquele tempo, a espera era parte da vida. Não tínhamos outra escolha senão confiar e ter paciência" - Cada carta recebida, cada mensagem enviada, era valorizada como um tesouro. - "Era uma época em que a fé e a esperança realmente eram colocadas à prova. Tínhamos que acreditar que tudo daria certo, mesmo sem nenhuma certeza."

Hoje em dia, estamos acostumados com respostas imediatas, com a gratificação instantânea que a tecnologia nos proporciona. Esquecemos que havia uma beleza no ato de esperar, na paciência cultivada e na fé inabalável que o tempo traria as respostas certas. Meu pai sempre diz que a espera, embora dolorosa, tem seu próprio valor.

- "Esperar nos ensina a valorizar o que realmente importa. A fé é fortalecida nos momentos de incerteza. A espera nos mostra que nem tudo pode ser apressado e que algumas coisas na vida precisam de tempo para florescer."

Essa experiência de reencontro e de espera serviu como um poderoso lembrete da importância da paciência e da fé. O amor que sustentou meu pai durante essa longa jornada é o mesmo amor que sustenta aqueles que esperam, acreditando que, em seu devido tempo, tudo se encaixará. E, assim, ele e minha mãe começaram a construir uma vida juntos, alicerçada no amor, na fé e na certeza de que o tempo de Deus é perfeito.

A CAMINHO DE CASA E O VALOR DA ESPERA

Com o consentimento de meu avô para o casamento, meu pai e ele refizeram o longo caminho de volta para casa. Cada passo no deserto parecia ecoar a ansiedade de meu pai, mas ele nunca se deixava abater.

- "Estou passando pelo deserto, mas o deserto não é lugar de morada, e sim de passagem," ele costuma dizer, olhando para o céu como se buscasse forças nas alturas.

Era um homem que sabia que as dificuldades eram temporárias e que, com fé, ele encontraria seu caminho de volta para o amor de sua vida.

Imagine dias de viagem, cada um marcado pela expectativa do reencontro e pela esperança de construir um novo futuro. A ansiedade que meu pai sentia durante a viagem de volta deveria ser imensa, mas ele e muitos da sua época sabiam esperar. Naquele tempo, a paciência era mais que uma virtude; era uma necessidade. As pessoas entendiam que tudo tinha seu próprio tempo, que os momentos de espera faziam parte do processo de viver e amar.

Quando meu pai finalmente retornou, lá ela estava, esperando ansiosa. Nos relacionamentos do passado, antes da internet e da comunicação instantânea, o amor se expressava de formas mais sutis e, muitas vezes, mais profundas. Um simples olhar ou um aperto de mão carregava um mundo de significados. O afeto, embora demonstrado de maneira reservada, não era menos intenso. Havia um respeito mútuo e um entendimento de que o amor era algo que crescia com o tempo, sustentado por pequenos gestos e pela fé compartilhada.

Meu pai e minha mãe, após o retorno dele, ficaram noivos. Passaram-se alguns meses até que se casaram no dia 04 de novembro daquele mesmo ano. A cerimônia foi simples, mas cheia de significado, marcada pela presença da família, dos amigos próximos e pela bênção de Deus.

Minha mãe, Francisca, é uma mulher de fé inabalável. Apesar de sua natureza calada e reservada, ela tem um coração acolhedor. Sempre encontrava um lugar em sua mesa para os necessitados e mantém vasilhas prontas para oferecer comida a quem passe pela sua porta, pedindo por algo.

A força e a fé de minha mãe são exemplos vivos de compaixão e amor ao próximo. Ela ensinou que o verdadeiro amor se expressa na prática do bem, no cuidado com os outros e na fé em Deus.

- "A fé sem obras é morta," - cada ato de bondade que ela realiza é uma expressão de sua fé viva e sincera.

Os relacionamentos de antigamente eram construídos sobre pilares sólidos: paciência, respeito e fé. Não havia pressa. Não havia a urgência de resolver tudo instantaneamente. As pessoas se encontravam e se conheciam aos poucos, apreciando cada momento como se fosse uma peça de um quebra-cabeça que se completava com o tempo. Essa espera, por mais longa que fosse, era preenchida por uma profunda confiança em Deus e naquilo que Ele reservava para o futuro.

Hoje, com a velocidade da internet e a pressa com que vivemos, muitas vezes esquecemos o valor do tempo e da espera. Esquecemos que é no silêncio e na calma que aprendemos a conhecer o coração de outra pessoa, e que a fé e o amor verdadeiro se constroem com paciência e dedicação.

Meu pai e minha mãe nos lembram que, no final das contas, o que realmente importa não é a rapidez com que alcançamos nossos objetivos, mas a qualidade do amor e da fé que cultivamos ao longo do caminho.

Assim, o casamento deles não foi apenas uma união de duas pessoas, mas uma verdadeira lição de vida para todos nós. Eles mostraram que, com fé, paciência e amor, é possível superar qualquer deserto e que cada momento de espera é, na verdade, uma oportunidade de crescer, aprender e amar ainda mais profundamente.

O TRABALHO E A FÉ COMO ALICERCES DA VIDA

Depois do casamento, meu pai começou uma nova fase de sua vida. Deus mais uma vez atendeu ao seu pedido e o abençoou com uma família numerosa.

Ele iniciou então uma jornada de trabalho árduo na roça, onde a vida era simples, mas cheia de desafios.

"Aí eu comecei a trabalhar pra mim"- ele sempre dizia, lembrando os primeiros anos de casado, quando trabalhava na agricultura, pagando renda ao proprietário da terra onde plantava. O proprietário era Raimundo Cunha, e meu pai trabalhava incansavelmente para sustentar a família. Com o tempo, meus irmãos mais velhos começaram a ajudar na roça. Meu pai sempre fala com orgulho dos filhos homens que cresceram trabalhando ao seu lado.

O trabalho na roça não era fácil, mas ele sempre ensinou que o trabalho honesto, por mais simples que fosse, era uma bênção de Deus e uma forma de demonstrar nossa fé e gratidão.

Meu pai também assumiu a responsabilidade de cuidar de uma fazenda do senhor Vicente Ramos.

- "Eu era o responsável por tudo que tinha na fazenda, era da minha responsabilidade",

- mostrando o quanto se dedicava ao que fazia. Foram dez anos de muito esforço, dedicação e aprendizado. Ele sempre acreditou que o trabalho era um meio de honrar a Deus, de manter a dignidade e de ensinar seus filhos o valor da honestidade e do esforço.

Ele sempre diz que o trabalho honesto, por mais simples que seja, é uma expressão de fé e de caráter. Não importa o que fazemos, desde que façamos com integridade, dedicação e amor. É no trabalho diário que encontramos oportunidades de crescimento pessoal e espiritual. Em Eclesiastes 3:13, está escrito: "E também que todo homem coma e beba, e goze do bem de todo o seu trabalho; isto é um dom de Deus." Este versículo nos lembra que o trabalho é um presente divino, uma forma de nos conectarmos com Deus e de sermos gratos pelas bênçãos que recebemos.

Após uma década trabalhando na fazenda de Vicente Ramos, meu pai decidiu mudar drasticamente de rumo.

Ele foi trabalhar como crediarista em Senhor do Bonfim, na Bahia.

O trabalho de crediário envolve comprar produtos, como tecidos, rede e objetos domésticos e vendê-los de porta em porta, permitindo que as pessoas pagassem em prestações.

Essa atividade exige muita paciência, habilidade em negociar e um grande espírito de serviço. Era uma maneira de oferecer um serviço às comunidades locais, possibilitando que comprassem o que precisavam, mesmo sem dinheiro imediato para pagar.

O trabalho como crediarista foi uma fase importante na vida do meu pai. Ele sempre encontrou dignidade e propósito em cada ocupação que teve, e essa não foi diferente. A cada nova empreitada, ele demonstrava que, com fé em Deus, coragem e determinação, é possível superar qualquer desafio e encontrar alegria no trabalho diário.

O exemplo de meu pai nos ensina que o verdadeiro valor do trabalho não está no que fazemos, mas em como fazemos. Com fé, amor e dedicação, qualquer trabalho se torna um meio de servir a Deus e ao próximo, uma oportunidade de crescimento e uma forma de construir um legado para as futuras gerações.

A FORÇA DA UNIÃO E DA ESPERANÇA EM DEUS

A árvore dos Carvalhos gerou 16 frutos, mas apenas 11 sobreviveram aos partos caseiros e gestações sem os cuidados médicos atuais. Eu, a mais nova, fui a única que nasceu no hospital, um sinal de como os tempos começaram a mudar.

Depois de casar-se, trabalhou por dez anos na fazenda do senhor Vicente Ramos como encarregado, sempre contando com a ajuda dos filhos mais velhos. Eles moravam em uma casa de alvenaria simples, onde todos dormiam em redes, como era comum naquele tempo. Enquanto meu pai me relatava essas histórias para este livro, ele contava com saudade do tempo em que ia para a roça. Todo dia, ao meio-dia, um de meus irmãos mais velhos levava as marmitas de comida para ele e para os outros irmãos que trabalhavam junto. Esses pequenos gestos eram mais do que simples rotinas; eram demonstrações diárias de amor, cuidado e união.

A união da família é um dos pilares mais importantes da vida, é nela que encontramos o suporte necessário para enfrentar os desafios do dia a dia. Naqueles tempos difíceis, meu pai e minha mãe mostraram que a força de uma família unida é capaz de superar qualquer adversidade. As refeições que meus irmãos levavam para a roça simbolizavam não apenas o sustento físico, mas também o alimento emocional e espiritual que todos precisavam. Era uma forma de lembrar que, não importa quão difíceis fossem as circunstâncias, eles sempre poderiam contar uns com os outros.

Uma família unida é uma bênção de Deus, e é nela que encontramos o verdadeiro significado de amor e de solidariedade. É o primeiro lugar onde aprendemos sobre sacrifício, paciência, e apoio mútuo. Quando uma família se mantém unida, ela se torna um reflexo do amor de Deus, que nos ensina a ser mais fortes juntos do que separados.

Meu pai também se lembrava com carinho da primeira vez que meus irmãos viram um carro. Foi um alvoroço! Eles passaram o dia imitando o barulho do motor e brincando como se estivessem dirigindo. Então, ele disse aos rapazes:

- "Vamos trabalhar com fé em Deus que eu tenho

certeza de que um dia vocês vão estar dirigindo um carro de verdade e que será nosso mesmo."

Aquela frase do meu pai ficou marcada na memória de todos os meus irmãos. Naquele momento, parecia impossível acreditar que um dia teriam um carro, especialmente considerando a realidade simples em que viviam. Mas meu pai sempre acreditou na importância de sonhar grande e de trabalhar duro, com fé em Deus, para alcançar esses sonhos. Ele sabia que Deus abençoa aqueles que confiam n'Ele e que trabalham honestamente para melhorar suas vidas.

A esperança é um poderoso motor que nos impulsiona a seguir em frente, mesmo quando o caminho parece difícil. A fé em Deus nos dá a certeza de que, com trabalho e dedicação, tudo é possível.

Como está escrito em Mateus 21:22: "E tudo o que pedirdes na oração, crendo, o recebereis." Este versículo nos lembra que Deus escuta nossos desejos mais profundos e que Ele nos guiará no caminho certo, desde que mantenhamos nossa fé e dedicação.

Meus irmãos riram do meu pai quando ele falou sobre o carro, pois olhando para a realidade deles na época, parecia um sonho distante demais. Mas meu pai nunca deixou de acreditar que Deus tinha planos maiores para eles.

Essas lembranças mostram que, mesmo nas situações mais simples, Deus trabalha de maneiras misteriosas e maravilhosas. Quando colocamos nossa fé Nele e trabalhamos com dedicação, Ele nos proporciona muito mais do que poderíamos imaginar. A história de meu pai é uma lição de esperança, fé, e a certeza de que, com Deus ao nosso lado, não há sonho que não possa ser realizado.

VOLTANDO A BAHIA

O Chamado de Deus e a Coragem para Seguir em Frente

Meu irmão mais velho, Zezinho, naquela altura com apenas 14 anos, recebeu uma proposta para ir trabalhar em Senhor do Bonfim, na Bahia. Naquela época, as pessoas do sertão nordestino tinham poucas oportunidades de estudo, e era comum começar a trabalhar na lavoura muito cedo para ajudar a sustentar a família. José aceitou a oferta e, passados alguns meses, percebeu que o trabalho de crediário era bem melhor do que o trabalho na roça. Ele ganhava mais e, embora o trabalho ainda fosse difícil, tinha um pouco mais de flexibilidade e segurança.

Quando meu pai foi visitá-lo para saber mais sobre essa nova oportunidade e checar o bem-estar do primogênito, ele aproveitou para fazer uma pesquisa e ver se, de fato, valia a pena. Ao chegar em Senhor do Bonfim, meu pai se encantou imediatamente pela cidade. Havia algo especial naquele lugar que o fazia sentir que havia sido guiado por Deus até ali.

Ele sempre acreditou que nada acontece por acaso e que tudo faz parte de um plano maior.

Como diz o versículo em Provérbios 16:9: "O coração do homem planeja o seu caminho, mas o Senhor lhe dirige os passos." Meu pai via a mão de Deus em cada decisão que tomava, em cada oportunidade que surgia. Ele sentiu que era um chamado divino estar em Senhor do Bonfim e que Deus tinha um propósito para ele e para nossa família ali.

Então, ele começou a trabalhar como crediarista, carregando uma pequena trouxinha de mercadorias com produtos de cama, mesa e banho. Ele enfrentava o sol escaldante e as chuvas repentinas, andando de porta em porta, visitando pequenos distritos e fazendas. A vida não era fácil, mas meu pai sempre manteve a fé de que Deus estava ao seu lado, abrindo portas e mostrando o caminho. A cada dia, ele acordava com um propósito renovado, acreditando que, com trabalho honesto e fé, ele poderia prover para sua família e construir um futuro melhor para todos nós.

O exemplo de meu pai nos ensina que a coragem para seguir em frente, mesmo em tempos de incerteza, é um presente de Deus. Ele nunca se deixou abater pelas dificuldades; ao contrário, via cada desafio como uma oportunidade de crescimento e aprendizado. Essa força interior vem da fé em Deus, que nos ajuda a enxergar além dos obstáculos imediatos e a acreditar que um futuro melhor é possível.

Com o tempo, seu esforço e perseverança começou a dar frutos. Ele conseguiu alugar uma casa em Senhor do Bonfim, e foi buscar sua numerosa família para morar junto dele.

Essa mudança marcou um novo capítulo em nossas vidas, um capítulo cheio de esperança e de novas oportunidades.

A história de meu pai mostra que, mesmo diante das adversidades, a fé em Deus e a determinação para seguir adiante são fundamentais. Ele sempre acreditou que, com Deus ao lado, nada é impossível. Cada passo que deu, cada decisão que tomou, foi guiado pela confiança de que Deus estava com ele, abrindo caminhos e proporcionando novas chances.

Assim como está escrito em Jeremias 29:11: "Porque eu bem sei os planos que estou projetando para vós, diz o

Senhor; planos de paz e não de mal, para vos dar um futuro e uma esperança." Meu pai sempre acreditou nesses planos e soube que, apesar das dificuldades, Deus tinha algo especial reservado para ele e para todos nós. A sua coragem, fé, e determinação são um exemplo para todos que buscam um caminho de esperança e realização, mostrando que, com Deus, todos os sonhos são possíveis.

CRESCIMENTO COM FÉ E HONESTIDADE

Com a família toda reunida na cidade, meu pai foi, aos poucos, adquirindo mais conhecimento sobre o comércio e as necessidades das pessoas ao seu redor. Com o conhecimento veio a confiança, e ele logo conseguiu uma linha de crédito para comprar seus próprios produtos e vender.

Isso mostra que ter conhecimento e um nome honesto é muitas vezes mais valioso do que ter recursos financeiros. A honestidade do meu pai abriu portas que o dinheiro jamais abriria por si só.

Enquanto os recursos materiais podem ser úteis, eles são passageiros e podem ser perdidos facilmente. Já a sabedoria adquirida e um bom nome construído ao longo do tempo são tesouros que permanecem. Meu pai nunca teve medo de começar do zero, pois sabia que a verdadeira riqueza estava na sua integridade e no respeito que conquistava. O crédito que ele conseguiu não veio apenas de sua capacidade financeira, mas principalmente da confiança que as pessoas tinham nele. O bom nome é mais desejável do que grandes riquezas, e ser estimado é melhor do que ouro e prata, como diz em Provérbios 22:1.

Assim, com o apoio dos meus três irmãos mais velhos, meu pai começou a expandir seu negócio: vendiam redes, colchas de cama e toalhas de mesa. Esse empreendimento familiar foi um reflexo da grande verdade bíblica de que os filhos são uma riqueza:

"Os filhos são herança do Senhor, uma recompensa que ele dá"

(Salmos 127:3)

Eles não apenas ajudavam meu pai a crescer, mas também aprendiam com ele sobre trabalho duro, honestidade e fé. Os filhos são verdadeiramente uma riqueza para os pais, não apenas por serem fruto de seu amor, mas por representarem a continuidade de seus valores e ensinamentos.

No seu caso, os filhos foram fundamentais para o sucesso de seu negócio. Trabalharam juntos, lado a lado, construindo algo maior do que eles mesmos. Eles aprenderam o valor do trabalho honesto e da perseverança, e meu pai viu neles a manifestação da promessa divina de que o esforço sincero é sempre recompensado. Cada um de nós carrega um pedaço de nossos pais, de sua sabedoria e fé, e isso é um tesouro que não tem preço. Com o tempo e muito trabalho ao lado dos meus irmãos, meu pai conseguiu comprar seu primeiro carro, um Corcel 1.

Foi um momento de grande alegria para a nossa família, pois finalmente a promessa que ele havia feito se concretizou:

"Um dia vocês vão dirigir um carro que será nosso".Era a prova viva de que o que Deus promete, Ele cumpre. Aquela conquista não foi apenas material, mas também espiritual; era o resultado da fé, da dedicação e da honestidade. Com o carro, eles passaram a percorrer distâncias maiores, e as vendas aumentaram ainda mais. Naquela época, as transações eram feitas na base da confiança. Quase todas as pessoas eram honestas, e o trabalho de crediário era promissor. Muitas famílias não podiam ir à cidade com frequência para comprar os itens que meu pai vendia, então ele levá-los até suas portas era realmente uma bênção. A possibilidade de dividir as compras em prestações facilitava ainda mais a vida das pessoas. Era um modelo de negócio que, com honestidade e fé, florescia naturalmente.   E não parou por aí. Depois de vender o Corcel, adquiriram um Chevette zero quilômetros, depois um Opala, que era maior e cabia mais mercadoria, e depois uma Caravan, que tinha um porta-malas enorme e cabia ainda mais mercadoria, pois meu pai usava os carros para o trabalho.

E,

detalhe, meus irmãos que dirigiam, meu pai nunca aprendeu a dirigir.   Esses veículos, que hoje são valorizados por aqueles que viveram aquela época ou por entusiastas de carros antigos, fizeram parte da nossa história. Meu pai teve todos eles, e cada um representava um novo passo em sua caminhada de fé e perseverança.

A sua história é um testemunho de como a esperança e a fé em Deus podem transformar vidas. Ele nunca perdeu a esperança, mesmo quando as coisas pareciam difíceis. Ele acreditava firmemente que Deus estava no controle de tudo e que, com trabalho honesto e dedicação, tudo era possível.

Ele costuma dizer:

- "Deus é fiel e provê para aqueles que n'Ele confiam". A cada conquista, meu pai nos ensinava que, quando pedimos com fé e nos dedicamos ao trabalho, Deus nos abençoa com mais do que podemos imaginar.

O seu legado não é apenas de bens materiais, mas de um exemplo de vida honesta e de fé inabalável. Ele nos mostrou que, com Deus ao nosso lado, qualquer sonho pode ser realizado. E assim seguimos, levando adiante suas lições e seu amor, certos de que o que Deus promete, Ele sempre cumpre.

CRESCIMENTO E SABEDORIA EM FAMÍLIA

A Caravan foi um carro especial para a nossa família, e me traz muitas lembranças.

Fui a única, e última, filha que nasci aqui na Bahia, e cresci vendo essa fase de expansão e crescimento. Nesse período, meu irmão Francisco, o segundo mais novo, decidiu que o trabalho no crediário do nosso pai não era para ele. Com a coragem típica de quem busca novos horizontes, ele partiu para Santa Catarina, determinado a tentar a vida lá.

No entanto, depois de um ano e quatro meses, ele percebeu que não se adaptava ao frio e às condições diferentes do Sul, e decidiu voltar para casa.

Ao retornar, mesmo sem gostar muito do segmento de crediário, começou a acompanhar meu pai nas vendas.

A princípio, ele fazia isso apenas por necessidade, mas com o tempo, começou a aprender como funcionava o negócio. Ele observava meu pai, absorvendo cada detalhe, cada estratégia, e começou a perceber o potencial daquele trabalho. Não demorou muito para que o negócio começasse a dar muito certo para ele também.

Foi então que, com sua sabedoria e generosidade, decidiu dividir parte do território de vendas com seu filho, permitindo que ele montasse seu próprio crediário. Isso mostra como as coisas que Deus faz são verdadeiramente maravilhosas. Em vez de competir, meu pai e meu irmão se tornaram sócios e o negócio começou a crescer ainda mais. Essa parceria familiar mostrou a importância da união e da cooperação, especialmente quando guiadas pela fé e pela boa vontade. Deus age de maneiras misteriosas e sempre providencia para aqueles que confiam n'Ele.

Meu pai sempre acreditou que compartilhar é multiplicar e ao dar a Francisco a chance de ter sua própria parte no negócio, ele não só ajudou meu irmão a encontrar seu caminho, mas também expandiu o próprio empreendimento. É um exemplo claro de que, quando deixamos o orgulho de lado e estendemos a mão, Deus abençoa com abundância.

A Bíblia nos ensina em Lucas 6:38: "Dai, e ser-vos-á dado; boa medida, recalcada, sacudida e transbordante vos darão; porque com a mesma medida com que medirdes vos medirão de novo." Esse versículo reflete perfeitamente o espírito generoso do meu pai e como essa generosidade voltou multiplicada para ele.

Com o negócio crescendo, meu pai e Francisco decidiram investir em mais veículos para expandir ainda mais suas operações. Além da Caravan, eles compraram uma Kombi, que tinha mais espaço para mercadorias e, pouco tempo depois, já compraram a segunda. Agora, com três carros rodando, as vendas decolaram. Foi então que meu pai decidiu formalizar a empresa nos anos 90 e a chamou de "Crediário Carvalho". Ver o nome da nossa família estampado em um comércio que crescia a cada dia foi um grande orgulho para todos nós.

Meu pai e meu irmão não tinham muito além de suas crenças e da vontade de trabalhar duro. Porém, com isso, conseguiram construir algo grande. A expansão do negócio de crediário naqueles anos foi fruto de muito esforço, mas também de uma visão de futuro que sempre teve. Ele enxergava oportunidades onde outros viam dificuldades, e essa visão foi essencial para o sucesso que alcançaram.

E assim, com fé, trabalho honesto e o apoio da família, o "Crediário Carvalho" cresceu, tornando-se um exemplo de como a fé em Deus e o esforço coletivo podem transformar vidas e construir legados. Nosso patriarca sempre diz que o segredo do sucesso é acreditar que, quando trabalhamos com amor e dedicação, Deus sempre abre as portas e nos guia pelo melhor caminho. Hoje, a nossa história continua a inspirar, mostrando que, independentemente de onde começamos, é possível chegar longe com fé e coragem.

O SONHO DA CASA PRÓPRIA

Assim que meu pai chegou à Bahia, depois que eu já tinha nascido, a nossa vida ainda era muito simples. Morávamos de aluguel em uma casa com piso de barro batido. Mas ele nunca deixou que a humildade das nossas condições apagasse a sua esperança e a sua fé em um futuro melhor, sempre acreditando que Deus tinha planos maiores para a nossa família.

Um dia, com o coração cheio de fé, meu pai chegou em casa segurando uma vassoura nova. Todos nós estranhamos, pois não fazia muito sentido ter uma vassoura assim, já que nosso piso era de barro. Mas ele nos olhou com um sorriso confiante e disse:

- "Essa vassoura não é para ser usada nesse chão batido. Ela vai ficar guardada ali no canto, de cabeça para cima, até o dia em que nós tivermos a nossa casa própria. E o primeiro piso que ela vai varrer será de cerâmica, na nossa casa."

Naquele momento, minha mãe e meus irmãos olharam para ele com surpresa e curiosidade. Havia algo na voz dele, uma certeza inabalável, que nos fez acreditar. Ele não estava apenas falando de um desejo, mas de uma promessa. A vassoura ficou ali, no canto da sala, um símbolo de esperança e fé. Cada vez que olhávamos para ela, lembrávamos do sonho do meu pai e da sua confiança de que um dia sairíamos daquela casa de aluguel.

A sua atitude de comprar a vassoura antes mesmo de ter o chão de cerâmica para varrer é um exemplo poderoso de fé em ação. Ele não esperou que as condições fossem perfeitas para acreditar em um futuro melhor; ele agiu como se aquele futuro já estivesse garantido. Isso nos ensina que a fé verdadeira não espera por provas visíveis. A fé é acreditar naquilo que não se vê, mas que se sente com o coração. Como está escrito em Hebreus 11:1: "Ora, a fé é o firme fundamento das coisas que se esperam, e a prova das coisas que não se veem." Meu pai tinha essa fé, e foi ela que nos guiou em muitos momentos difíceis.

O tempo passou, e com muito esforço e dedicação, todos trabalharam incansavelmente para melhorar nossas condições. A cada venda feita, a cada dia de trabalho sob o sol quente, ele sempre voltava para casa com a mesma esperança. Ele nunca perdeu de vista a promessa que fez para nós, e essa promessa nos deu força para continuar.

Finalmente, o dia chegou. Meu pai, com lágrimas nos olhos e um sorriso de vitória, anunciou que havia conseguido comprar a nossa casa própria. Lembro-me daquele dia como se fosse ontem. Todos nós choramos de alegria e gratidão. Foi uma emoção indescritível saber que, depois de tanto esforço, nosso sonho estava se realizando. E, então, a vassoura, que ficou guardada no canto por tanto tempo, foi tirada do seu lugar especial. Meu pai a pegou com as mãos firmes, mas emocionadas, e a usou para varrer o chão de cerâmica da nossa nova casa. Cada varrida daquela vassoura parecia uma declaração de vitória, um testemunho do poder da fé e do trabalho duro. A história da vassoura é mais do que apenas um símbolo de fé; é um lembrete de que os sonhos se tornam realidade quando colocamos nosso coração e nossa fé em ação. Meu pai nos ensinou que não importa quão humilde seja o nosso começo, o importante é nunca deixar de acreditar e trabalhar com dedicação. Ele sabia que Deus sempre recompensa aqueles que têm fé e que não desistem diante das dificuldades.

A nova casa não era apenas uma construção de tijolos

e cimento; era um lar construído com amor, sacrifício e a fé inabalável de que Deus estava conosco em cada passo. Cada canto carregava o suor e as orações da nossa família. E aquela vassoura, que antes era apenas um objeto guardado no canto da sala, tornou-se um símbolo de esperança, de que nada é impossível para aqueles que acreditam e confiam em Deus.

Hoje, quando lembro dessa história, sinto uma profunda gratidão e orgulho do meu velho. Ele nos mostrou que com fé, trabalho duro e união familiar, qualquer sonho pode se tornar realidade. E é essa lição que levo comigo todos os dias da minha vida.

QUEM TEM VONTADE, TEM METADE

Francisco Alexandre de Carvalho sempre foi um homem de visão e determinação. Desde que chegou à Bahia com a nossa família, ele nunca perdeu de vista seus objetivos e sempre acreditou no poder do esforço contínuo aliado à fé em Deus. Ele começou com muito pouco, mas tinha um espírito de empreendedorismo e uma fé que movia montanhas.

- "Eu trabalhei duro com seus irmãos," - olhando para trás com um misto de orgulho e humildade - "E hoje, aos 82 anos, eu posso dizer que construí um negócio que me permitiu deixar uma casa de herança para cada um de vocês. Tenho uma empresa sólida que, graças a Deus, cresceu mais do que eu poderia imaginar."

O Crediário Carvalho, a empresa que ele criou do nada, tornou-se um pilar em nossa comunidade. Com o passar dos anos, o negócio prosperou. Ele trabalhava incansavelmente, com meus irmãos ao seu lado, vendendo produtos de porta em porta, enfrentando sol e chuva, mas sempre com um sorriso no rosto e uma palavra de gratidão a Deus.

- "Foi Deus quem abençoou o nosso trabalho," - sempre nos lembrava- "Eu não fiz nada sozinho. Foi a vontade de Deus que nos guiou e deu força para continuar mesmo nos dias mais difíceis."

A fé era inabalável. Ele acreditava que, com Deus ao nosso lado, qualquer coisa era possível. E provou isso a cada dia de sua vida. Quando as dificuldades vinham, ele não se deixava abater. Em vez disso, ele se ajoelhava e orava, pedindo orientação e força. Sabendo que cada desafio era uma oportunidade de crescer e aprender.

- "Quem tem vontade, tem metade," - uma frase que marcou profundamente minha vida - "A outra metade vem de Deus." Essa frase tornou-se um lema para todos nós, um lembrete constante de que, enquanto fizermos nossa parte com dedicação e esforço, Deus cuidará do resto.

Meu pai nos ensinou que a vida é uma parceria com o divino, onde o nosso trabalho é uma forma de louvor e gratidão.

Hoje, aos 82 anos, olha para tudo o que construiu com um coração cheio de gratidão.

Ele não apenas conseguiu deixar um legado material para seus filhos, mas também um legado de fé, coragem e perseverança.

- "Eu vendi minha parte da empresa para o seu irmão Francisco," - ele conta- "porque já não tinha condições de trabalhar. Mas Deus foi tão bom que me permitiu ter minha casa, uma chácara linda chamada Golden Park, e ver meus filhos e netos seguindo pelo caminho do trabalho honesto e da fé."

O Crediário Carvalho continua a crescer, agora com

três caminhões e 17 funcionários. Meu pai ainda mantém um depósito, onde guarda não só produtos, mas também as memórias de uma vida de trabalho duro e conquistas. Ele sabe que tudo isso só foi possível pela graça de Deus e pelo esforço de sua família.

- "Vocês precisam lembrar que tudo o que temos é uma benção de Deus. Nunca esqueçam de agradecer e de trabalhar com integridade e fé. Porque é assim que a gente honra a Deus e constrói algo duradouro."

Olho para o meu pai e vejo um homem que viveu a sua fé todos os dias, que nunca desistiu, mesmo quando as circunstâncias eram difíceis. Ele me ensinou que o verdadeiro sucesso na vida não é medido pelo que acumulamos, mas pelo que construímos com propósito e pelo bem que fazemos para os outros.

Hoje, sou imensamente grata pelo pai que tenho. Ele me mostrou que com vontade, fé e trabalho duro, qualquer coisa é possível. E que quando entregamos nossos sonhos e esforços nas mãos de Deus, Ele cuida do resto, multiplicando nossas bênçãos de maneiras que nunca poderíamos imaginar.

A FÉ EM CADA DETALHE

Durante a entrevista para este livro, meu pai concluiu com palavras que refletem a profundidade de sua fé e a importância de manter uma conexão constante com Deus. Ele sempre acreditou que a gratidão e a confiança em

Deus são fundamentais para uma vida plena e bem-sucedida.

- "Em tudo o que fazemos," - disse com a serenidade que só a experiência pode trazer - "devemos lembrar de agradecer a Deus. Sempre que você for tomar banho, tome um pouco de água nas mãos, coloque na moleira e peça a Deus com confiança que aquela água sirva de vida e saúde, e que ela tire todo mal que estiver no seu corpo. Diga que Deus é quem te guia e é a luz da sua vida."

Ele acredita profundamente que esses pequenos gestos de fé podem fazer uma grande diferença em nossas vidas. Um homem que sempre foi um exemplo de devoção, e esse ritual simples, mas poderoso, é uma maneira de se conectar com o divino e pedir proteção e saúde.

- "Esse conselho pode parecer simples," - continua - "mas faz muita diferença. A fé é uma prática constante, e esses momentos de oração e pedido de proteção são importantes para manter nossa espiritualidade forte."

Além disso, compartilhou um ritual diário que segue com muita devoção. Toda vez que se levanta e atravessa a porta do quarto, ele realiza um gesto de bênção e faz a oração do alimento:

- "Deus é quem me guia, Deus é quem me sustenta," - ora aos sussurros - "e sempre estou debaixo da luz do nosso Senhor do Santíssimo Sacramento."

Esses momentos de oração e gratidão são mais do que hábitos; são a expressão de uma fé profunda e sincera que moldou sua vida e sua família. Ele deixou claro que esses ensinamentos não são apenas para nós, seus filhos, mas para todos que buscam uma conexão mais profunda com Deus.

- "Eu deixo esses ensinamentos para vocês, como deixei para meus filhos," - diz com um olhar de esperança e amor - "Que cada um de vocês encontre força e paz em sua fé, e que nunca se esqueça de agradecer a Deus por cada dia e cada bênção. Ele está sempre conosco, guiando nossos passos e iluminando nosso caminho."

Através dessas palavras e gestos de fé, nos é ensinado que a verdadeira riqueza não está apenas nas posses materiais, mas na conexão espiritual e na prática constante da gratidão e da confiança em Deus. Que possamos todos seguir seu exemplo e encontrar a mesma paz e propósito que ele encontrou em sua jornada de vida

SONHOS E FÉ EM CADA PASSO

Meu pai sempre carregou consigo sonhos e aspirações que, apesar de não terem se concretizado da forma que ele imaginou, nunca foram um obstáculo para a sua jornada. Ele frequentemente compartilha a história de seus sonhos não realizados com uma sabedoria serena, refletindo sobre como sua fé e determinação o ajudaram a superar essas limitações.

- "Eu sempre tive o sonho de saber ler," – lamenta, com uma mistura de nostalgia e humildade - "Queria muito ler a Bíblia por mim mesmo, mas nunca tive a oportunidade de estudar como gostaria. Também sempre sonhei em dirigir um carro, mas isso não me impediu de ter carros. Eu tinha carros mesmo sem saber dirigir, e isso é uma prova de que nossos sonhos não precisam se concretizar da maneira que imaginamos para que possamos alcançar algo significativo.

Ele continua a relatar como, mesmo sem saber ler, a fé e a dedicação à Palavra de Deus nunca o abandonaram.

- "Eu sempre buscava vocês, meus filhos, para ler a Bíblia para mim. Às vezes, ficávamos lendo e conversando sobre Deus até de madrugada. Esses momentos eram preciosos para mim, porque mesmo sem a capacidade de ler, minha fé em Deus nunca falhou. Vocês eram meus olhos para a Palavra de Deus, e isso me sustentava e me guiava.

Essas histórias não são apenas sobre a falta de habilidades ou oportunidades, mas sobre como a fé e o amor podem preencher as lacunas que a vida nos apresenta. Ele enfatiza a importância de manter a conexão com Deus, independentemente das circunstâncias.

- "Eu aprendi muito com pessoas como o finado Antônio e o senhor de engenho,"

-conta, com um olhar de admiração e gratidão - "Eles eram devotos e me ensinaram muito sobre fé e espiritualidade. Minha mãe também era uma mulher de muita fé. Ela tinha um livro, a Bíblia, com capa de couro, e sabia ler. Mesmo com todas as dificuldades, ela sempre encontrou uma maneira de se conectar com Deus e me transmitiu essa importância."

Meu pai não apenas superou suas limitações, mas

também nos ensinou a importância da fé, da persistência e do amor. Seus sonhos e suas histórias de vida são um testemunho de que, mesmo diante de desafios e limitações, a fé e a dedicação podem transformar nossas vidas de maneiras que nunca imaginamos.

- "Assim, eu aprendi que mesmo que nossos sonhos nem sempre se realizem como planejado," ele reflete, "podemos sempre encontrar um caminho através da fé e da determinação. O importante é continuar acreditando, trabalhando com coragem e mantendo nossa conexão com Deus. Ele sempre encontra uma maneira de nos guiar e nos apoiar, independentemente das dificuldades que enfrentamos."

Essa é a mensagem de Francisco para o mundo: um legado de fé inabalável e de esperança, mostrando que a verdadeira riqueza está na maneira como vivemos e amamos, independentemente das circunstâncias que encontramos ao longo do caminho.

O Legado em Duas Dimensões

Chácara

A vida do meu pai sempre foi repleta de histórias que merecem ser contadas e compartilhadas. Por isso, além deste livro, estou produzindo um documentário que retratará sua trajetória, suas lutas, suas conquistas e, principalmente, sua fé inabalável. Sinto que, por meio de imagens e relatos, poderei capturar a essência de um homem que não apenas construiu um legado para sua família, mas também semeou valores que se perpetuarão por gerações.

Assim como a Bíblia nos ensina em Êxodo 20:12: "Honra a teu pai e a tua mãe, para que os teus dias se prolonguem na terra que o Senhor, teu Deus, te dá." Esse mandamento nos lembra da importância de reconhecer e valorizar os sacrifícios que nossos pais fizeram por nós. Ao honrar nossos pais, estamos não apenas retribuindo o amor e os ensinamentos que recebemos, mas também estabelecendo uma base sólida para as futuras gerações.

Enquanto escrevo e produzo o documentário, lembro-me de tantas noites em que meu pai nos ensinou, por meio de suas histórias, a importância de sonhar e trabalhar com fé. Ele sempre dizia que a fé é como uma semente plantada em solo fértil. Assim como em Mateus 17:20, onde Jesus fala sobre a fé do tamanho de um grão de mostarda, meu pai nos mostrou que a fé, mesmo que pequena, pode mover montanhas. Ele nunca teve medo de sonhar grande, e essa ousadia é uma herança que desejo passar adiante.

O documentário permitirá que outros vejam a vida do meu pai não apenas como uma série de eventos, mas como um testemunho vivo da graça de Deus. Através de entrevistas com amigos, familiares e colegas, espero capturar as nuances de sua personalidade, sua generosidade e sua devoção a Deus. Cada testemunho será uma página viva de sua história, e cada imagem, um retrato do amor que ele compartilhou.

Refletindo sobre tudo isso, percebo o quanto é essencial valorizar aqueles que nos deram a vida e nos ensinaram a vivê-la. Em Provérbios 1:8-9, encontramos um lembrete poderoso: "Filho meu, ouve a instrução de teu pai e não deixes o ensino de tua mãe; porque serão grinaldas de graça para a tua cabeça e colares para o teu pescoço." Esses versículos nos encorajam a ouvir e a seguir os conselhos de nossos pais, pois eles são repletos de sabedoria e amor.

Neste capítulo, quero convidar todos a refletirem sobre suas próprias histórias familiares. Como podemos honrar nossos pais e transmitir seus ensinamentos às próximas gerações? Como podemos mostrar gratidão por tudo o que eles fizeram por nós? Essas são perguntas que ressoam em mim enquanto produzo este livro e o documentário.

Ao final, espero que tanto este livro quanto o documentário sejam não apenas uma celebração da vida do meu pai, mas também um testemunho do poder transformador da fé e da importância de honrar aqueles que nos guiam e nos amam. Que essas histórias inspirem outros a valorizar suas raízes e a se lembrar de que, ao honrarmos nossos pais, estamos construindo um legado que perdurará por toda a eternidade.

A CURA PELA FÉ

Um pouco ante de eu publicar este livro, meu pai passou por um momento difícil em relação a sua saúde. Este foi um dos momentos mais difíceis de nossas vidas, quando meu pai quase se despediu deste mundo. Ele enfrentou uma encefalite viral severa, que o deixou em uma situação crítica. Lembro-me das noites em que ele não reconhecia as pessoas ao seu redor. A doença foi devastadora: ele perdeu a capacidade de andar, de falar e até de nos identificar. Era como se uma sombra tivesse tomado o homem forte e resiliente que sempre conhecemos.

Na UTI, os médicos não nos deram muitas esperanças. Disseram que, se ele sobrevivesse, as sequelas seriam inevitáveis. Mas meu pai sempre foi um homem de fé. Mesmo no silêncio, onde não havia palavras para expressar sua dor, acreditávamos que ele encontrava em seu íntimo as forças para resistir. E ele, mesmo debilitado, continuava com sua oração favorita em mente, uma prece que sempre o sustentou:

"Elevo os meus olhos para os montes; de onde me vem o socorro? O meu socorro vem do Senhor, que fez os céus e a terra"(Salmo 121:1-2).

Essa oração se tornou a âncora de sua recuperação. A cada dia, víamos um pequeno milagre. Ele começou a dar sinais de melhora, pequenos passos que para nós eram imensos. Primeiro, recuperou a fala, devagar e com dificuldade, mas cada palavra que pronunciava era uma vitória. Depois, recuperou os movimentos. Com paciência, reaprendeu a andar, sustentado pela mesma fé que sempre guiou seus passos.

Meu pai resistiu ao diagnóstico sombrio dos médicos. Voltou a andar e, com o tempo, voltou a ser ele mesmo: forte, determinado e inquebrantável. Ele continua a fazer suas orações diariamente, agradecendo por cada novo dia. A doença foi uma prova de fé e um lembrete do quanto ele sempre confiou no poder de Deus para guiá-lo e restaurá-lo.

Hoje, quando olho para ele, vejo alguém que enfrentou a morte e voltou, não apenas com vida, mas com a mesma esperança e fé que sempre o acompanharam. Ele nos ensinou que, por mais que enfrentemos dificuldades, devemos elevar nossos olhos para os montes, lembrando que nosso verdadeiro socorro vem do Senhor.

FIM

.

Made in the USA
Columbia, SC
07 December 2024

47589358R00046